BEI GRIN MACHT SICH IHR WISSEN BEZAHLT

- Wir veröffentlichen Ihre Hausarbeit, Bachelor- und Masterarbeit

- Ihr eigenes eBook und Buch - weltweit in allen wichtigen Shops

- Verdienen Sie an jedem Verkauf

Jetzt bei www.GRIN.com hochladen und kostenlos publizieren

Bibliografische Information der Deutschen Nationalbibliothek:

Die Deutsche Bibliothek verzeichnet diese Publikation in der Deutschen Nationalbibliografie; detaillierte bibliografische Daten sind im Internet über http://dnb.d-nb.de/ abrufbar.

Dieses Werk sowie alle darin enthaltenen einzelnen Beiträge und Abbildungen sind urheberrechtlich geschützt. Jede Verwertung, die nicht ausdrücklich vom Urheberrechtsschutz zugelassen ist, bedarf der vorherigen Zustimmung des Verlages. Das gilt insbesondere für Vervielfältigungen, Bearbeitungen, Übersetzungen, Mikroverfilmungen, Auswertungen durch Datenbanken und für die Einspeicherung und Verarbeitung in elektronische Systeme. Alle Rechte, auch die des auszugsweisen Nachdrucks, der fotomechanischen Wiedergabe (einschließlich Mikrokopie) sowie der Auswertung durch Datenbanken oder ähnliche Einrichtungen, vorbehalten.

Impressum:

Copyright © 2015 GRIN Verlag
Druck und Bindung: Books on Demand GmbH, Norderstedt Germany
ISBN: 9783668745124

Dieses Buch bei GRIN:

https://www.grin.com/document/430040

Melike Kayan

Defizite im deutschen Schulsystem für Schülerinnen und Schüler mit Migrationshintergrund

GRIN Verlag

GRIN - Your knowledge has value

Der GRIN Verlag publiziert seit 1998 wissenschaftliche Arbeiten von Studenten, Hochschullehrern und anderen Akademikern als eBook und gedrucktes Buch. Die Verlagswebsite www.grin.com ist die ideale Plattform zur Veröffentlichung von Hausarbeiten, Abschlussarbeiten, wissenschaftlichen Aufsätzen, Dissertationen und Fachbüchern.

Besuchen Sie uns im Internet:

http://www.grin.com/

http://www.facebook.com/grincom

http://www.twitter.com/grin_com

Inhaltsverzeichnis

1. Einleitung S.1
2. Migrantenkinder im deutschen Bildungssystem S.2
   2.1 Schulerfolge S.2
   2.2 Bildungsbeteiligung S.3
3. Defizite im deutschen Schulsystem für Schüler mit Migrationshintergrund S.4
   3.1 Außerschulische Aspekte S.5
   3.2 Innerschulische Aspekte S.5
4. Fazit S.7

Literaturverzeichnis S.8

1. Einleitung

Die Bundesregierung Deutschland begann in den 1950er Jahren, Gastarbeiter aus dem Ausland anzuwerben, die für einen bestimmten Zeitraum in Deutschland arbeiten und später wieder in ihr Heimatland zurückkehren sollten. Aus diesem Grund hat sich die Politik nicht um die Bildung der Kinder der Gastarbeiter gekümmert und die Beschulung dieser Kinder fiel nicht in den Fokus des Interesses. Ein akzeptabler Rechtfertigungsgrund ist, dass Mitte der 1960er Jahre der Anteil ausländischer Schüler an deutschen Schulen nur 0,5 Prozent betrug. Jedoch nahm gegen Ende der 1960er Jahre die Anzahl der Ausländer zu, da die Gastarbeiter immer mehr Familienmitglieder nach Deutschland holten und somit ebenfalls die Schülerzahl enorm anstieg. Trotzdem fing man erst Anfang der 1970er Jahre an, die bildungspolitische und wissenschaftliche Ebene der Bildungsbeteiligung der Gastarbeiterkinder zu diskutieren und sich mit dieser Thematik zu beschäftigen.

Auslöser für die Beschäftigung war die Publikation der PISA[1]-Ergebnisse, die besagen, dass Migrantenjugendliche niedrigere Kompetenzwerte erreichen als deutsche, sowie des ersten Integrationsindikatorenberichtes der Bundesregierung, der ausdrückt, dass Migrantenkinder mit 47,7% fast doppelt so oft die Hauptschule besuchen und eine doppelt so hohe Abgängerquote ohne Schulabschluss als deutsche Kinder aufweisen (vgl. Integrationsindikatorenbericht 2009: 46ff.). Die Bildungspolitik und das deutsche Bildungssystem wurden daraufhin untersucht, was die Ursachen des schlechten Abschneidens sein könnten. Trotz erkannter Mängel wurde an dem deutschen Bildungssystem nichts geändert und die aktuelle Bildungspolitik hat es bis zum jetzigen Zeitpunkt nicht geschafft, die Defizite im deutschen Schulsystem und das Problem der Benachteiligung zu beseitigen. Es wurde keine Anstrengung geleistet, die ethnische und nationale Verschiedenheit der Migrantenkinder als Anreiz für eine qualitative Verbesserung der Bildungspolitik zu sehen.

So forschen namhafte Bildungspolitiker wie Beck auch heute: „Unterschiedliche Bildungsvoraussetzungen und Bildungsniveaus, differenzierte Fähigkeiten und Fertigkeiten, soziale und kulturelle Heterogenität müssen als Herausforderung gesehen werden und bedürfen einer motivierenden, individuellen Unterstützung und Begleitung. Deutschland braucht ein stärker förderndes und weniger selektierendes Bildungssystem" (Beauftragte der Bundesregierung 2004: 5).

Der Fokus dieser Arbeit richtet sich auf die Darstellung der schulischen Bildung von Migrantenkindern in der Bundesrepublik Deutschland. Mit Bezug auf die PISA-Ergebnisse soll deren Bildungsbeteiligung und Bildungssituation geschildert und danach die möglichen Ursachen für schlechte Schulleistungen erklärt werden. Folgende Frage bildet den Ausgangspunkt meiner Darstellung: Mit welchen Defiziten des deutschen Schulsystems werden Schülerinnen und Schüler mit Migrationshintergrund konfrontiert.

---

[1] PISA: Programme for International Student Assessment (Programm zur internationalen Schülerbewertung)

2. Migrantenkinder im deutschen Bildungssystem

„Damit Menschen ihren Platz in der Gesellschaft einnehmen und in ihr mitwirken können, bedürfen sie der Bildung. […] Schließlich gilt: Gesellschaften, die in ihrer Zusammensetzung von kultureller und sozialer Heterogenität geprägt sind, müssen das Zusammenleben ihrer Mitglieder bereits in deren Bildungsprozessen vorbereiten" (Avenarius et al. 2003: 9).

Ungeachtet der religiösen, kulturellen, geschlechtlichen und sozialen Heterogenität muss jeder Mensch in der Schule die gleichen Bildungschancen haben. Der Institution Schule werden entscheidende Aufgaben und Verpflichtungen zugeschrieben, da Integration primär in der Schule geschieht und dort Bildungsqualifikationen, die normativ für spätere Berufschancen sind, erworben werden (Ceri 2008: 19).

Erst ab 1970 wurde in Publikationen auf Schulleistungen ausländischer Kinder eingegangen und diese thematisiert. Da sich die Anzahl der schulpflichtigen ausländischen Kinder erhöhte, musste man sich mit dieser Problematik befassen, um der ständig zunehmenden Diskriminierung entgegenzuwirken (Reuter & Dodenhoeft 1988: 73). Die Lehrer beherrschten migrantentypische Fremdsprachen nicht und hatten keine angemessenen und geeigneten Unterrichtsmaterialien. Somit waren die Verständigung mit den ausländischen Schülern und Schülerinnen und die Überprüfung deren Kompetenzen und Qualifikationen so gut wie unmöglich.

2.1. Schulerfolge

In einer Gesellschaft, in der die Schulabschlüsse und der Stellenwert der Bildung zunehmend wichtiger für den Berufseinstieg werden, ist eine gute Schulqualifikation und Ausbildung Voraussetzung für den Berufserfolg und die Bildungschancen. Damit gute Schulnoten erreicht und im Berufsleben Erfolg gezeigt werden kann, muss man über gute Sprach- und Schreibkenntnisse verfügen.

Im internationalen Vergleich des Anteils von Schülern und Schülerinnen mit Migrationshintergrund liegt Deutschland mit einem Anteil von 16% an 9. Stelle der 41 teilnehmen Staaten (Breit & Schreiner 2006: 171). Bei Betrachtung der Sprachkenntnisse von türkischen und südwest-europäischen Zuwanderern, fällt auf, dass beide Gruppen um 15-25 Prozentpunkte unter den Leistungen der Zuwanderer aus anderen Ländern und den Aussiedlern liegen. Die Ergebnisse der Schulabschlüsse der Zuwanderergruppen zeigen, dass türkische Zuwanderer den höchsten Anteil an Personen ohne Schulabschluss bilden. Im Vergleich dazu sollte man jedoch erwähnen, dass die zweite Generation deutlich höhere Schulabschlüsse aufweist. Es wurde festgestellt, dass sich der Bildungsstand seit 1980 zwischen Deutschen und Zuwanderergruppen, die seit vielen Jahren in Deutschland leben, anwachsend verringert hat (Statistisches Bundesamt 2006: 567f.). Eine weitere Untersuchungseinheit ist der Anteil junger Migranten an Universitäten und Fachhochschulen. Bis in die 1990er Jahre liefert der Anteil stagnierende Zahlen, wohingegen ab 1995 von einem Anstieg zu sprechen ist. Im

Jahre 1995 betrug der Anteil ausländischer Studenten ca. 3%, doch im Jahre 2005 ist der Anteil gestiegen und lag bei 8% (Tarrenkorn 2011: 51f.).

Wird die Lese-Kompetenz von einheimischen Schüler/innen und Migranten/innen verglichen, zeichnet sich ein großer Unterschied aus. Mehr als 70 Punkte Differenz herrscht zwischen den Einheimischen und Migrant/innen. Wird jedoch die mathematische Kompetenz der Schüler/innen mit Migrationshintergrund beobachtet, lässt sich bestätigen, dass Einheimische nicht unbedingt ein besseres Leistungsniveau haben als Migranten und Migrantinnen. Zu betonen ist außerdem, dass Migranten/innen zweiter Generation bessere Leistungen präsentieren als Migrant/innen erster Generation (Breit & Schreiner 2006: 181ff.). Ein weiterer Einflussfaktor für den Schulerfolg und der Bildungschance ist das Sitzenbleiben. Wer in mehreren Fächern das Ziel der Klasse nicht erreicht, muss die Klasse repetieren. Untersuchungen über die Raten von Repetenten zeigen, dass die Wahrscheinlichkeit, den Jahrgang zu wiederholen, für Migrant/innen 2,76 mal so groß ist wie für Einheimische (Krohne et al. 2004: 388).

2.2. Bildungsbeteiligung

Nachdem Schulleistungen der Schülerinnen und Schüler mit Migrationshintergrund geschildert und in Vergleich mit denen der deutschen Schüler gesetzt wurde, folgt nun die Ausarbeitung zur Verteilung der Schüler/innen mit und ohne Migrationshintergrund auf die einzelnen Schultypen unter Berücksichtigung der Herkunft der Familie, wobei verschiedene Migrantengruppen insgesamt und im Vergleich betrachtet werden.

Im deutschen Schulsystem umfasst die Sekundarstufe die Schulformen Haupt-, Real-, Gesamtschule und Gymnasium. Für den Besuchsanteil der Hauptschule sind die niedrigsten Werte für ukrainische, französische und deutsche Schüler mit weniger als 15% zu konstatieren, während mehr als ein Drittel der griechischen, portugiesischen, türkischen und italienischen Schüler eine Hauptschule besuchen. Mit 38% und 42% wird die Hauptschule am meisten von libanesischen, serbischen und albanischen Schülern besucht. Im Bereich des Gymnasialbesuchs weisen Schüler und Schülerinnen mit österreichischem, ukrainischem und französischem Migrationshintergrund (zwischen 49,4% und 58,3%) höhere Schulbesuchsquote als deutsche Schüler und Schülerinnen (43,1%) (Kemper 2015: 85f.). Ein anderes Ergebnis vom Schuljahr 2003/04 akzentuiert, dass in Brandenburg 48,8% der ausländischen Jugendlichen die Schule mit der allgemeinen Hochschulreife erreicht haben, während nur 29,4% der deutschen Schüler diesen Abschluss erlangen konnten. Diese Ergebnisse scheinen der Unterstellung des gewöhnlich schlechten Bildungserfolgs ausländischer Jugendlicher zu widersprechen (Weiss 2013: 180).

Im Folgenden wird die Verteilung der Schüler auf die Bildungsgänge der Sekundarstufe in Zusammenhang mit dem Migrationsstatus der Familie dargestellt. Es herrscht ein struktureller Unterschied in der Bildungsbeteiligung zwischen Kindern aus deutschen Familien und aus Familien, bei denen beide Eltern nach Deutschland zugewandert sind. „Jugendliche, die aus einem Elternhaus stammen, in dem beide Eltern in Deutschland geboren wurden, haben im Vergleich zu ihren Altersgleichen aus reinen Zuwanderungsfamilien weitaus günstigere Chancen, anstelle einer Hauptschule eine andere weiterführende Schule zu besuchen" (Baumert & Schümer 2001: 374). Kinder, deren beide Eltern in Deutschland geboren sind, haben eine 4,4fach höhere Chance ein Gymnasium zu besuchen als Kinder aus Familien mit Migrationsgeschichte. Bei Kindern aus deutschen Familien liegen ebenfalls die relativen Chancen eines Gesamtschulbesuchs um das Doppelte und eines Realschulbesuchs um das 2,6fache höher. Beurteilt man die Verteilung auf die Schultypen der Kinder mit keinem in Deutschland geborenen Elternteil, stellt man fest, dass 40-50% der Kinder zur Hauptschule, 30% zur Realschule und 20% zum Gymnasium gehen.

Zusammenfassend kann man formulieren, dass bei Kindern mit keinem oder einem in Deutschland geborenen Elternteil der Besuch von höheren Bildungsgängen eher gering ist (Ceri 2008: 32) und sie durch familiäre Gegebenheiten benachteiligt werden, da ihre Eltern einen niedrigeren Bildungsabschluss und primitiveren Status als Eltern einheimischer Schüler/innen aufweisen (Breit & Schreiner 2006: 177).

3. Defizite im deutschen Schulsystem für Schüler mit Migrationshintergrund

Lange Zeit wurde angestrebt, den geringen Bildungserfolg von Migrantenkindern konkret zu erfassen und zu analysieren. Anstatt sich mit den Mängeln des deutschen Schulsystems auseinanderzusetzen, wurden Erklärungen darauf fixiert, Merkmale und Eigenschaften der Migrantenkinder selbst für ihr Scheitern verantwortlich zu machen.

In diesem Abschnitt werden in erster Linie allgemein Defizite des deutschen Schulsystems erörtert und nach Ursachen für die Bildungsbenachteiligung gesucht, anschließend wird auf die außerschulischen und innerschulischen Aspekte hingewiesen.

Eine fundamentale Beeinträchtigung ist die defizitäre Aus- und Weiterbildung von Lehrkräften. Marianne Krüger-Potratz hält fest, dass zukünftige Lehrer immer noch nicht auf die Heterogenität der Schule vorbereitet werden (Krüger-Potratz 2001: 31ff.). Norrenbrock gelangt in seiner Arbeit zu folgendem Ergebnis, dass es sehr wenige Lehrkräfte mit einem Migrationshintergrund gibt. Somit haben Schüler anderer Nationalität kaum Vorbilder in der Lehrerschaft, an denen sie sich orientieren und an diese sich wenden können, wenn sie Probleme in der Schule oder sogar in der Familie haben. Ein erwähnenswertes Defizit des deutschen Schulsystems liegt nach Norrenbrock im Mangel an Unterrichtsmaterialien. Unterrichtsmaterialien können durch bestimmte Methoden die Annäherung und somit die Integration der Schüler unterschiedlicher Herkunft fördern. Doch das Fehlen entsprechender Unterrichtsmaterialien erschwert die Anerkennung sozialer und kultureller Vielfalt in der Gesellschaft und unterstützt Ausgrenzungen verschiedener Kulturen (Norrenbrock 2008: 59ff.).

3.1. Außerschulische Aspekte

Die Kultur ist entscheidend für die Untersuchung der Bildungsbeteiligung bzw. des Bildungserfolgs von Migrantenkindern: „Kultur als etwas, was die nicht-deutschen Kinder von den deutschen Kindern unterscheidet und somit für den Bildungsmisserfolg von Nicht-deutschen verantwortlich gemacht wird" (Ceri 2008: 42). Ausländische Kinder machen zu Hause Erfahrungen und lernen Normen und Werte kennen, die teilweise oder gar nicht mit denen der deutschen Gleichaltrigen übereinstimmen. Somit muss das Kind unterschiedliche Norm- und Wertvorstellungen gleichzeitig verarbeiten und prägen. Die Heterogenität der Denkweise und der Vorschriften zwischen dem Zuhause und dem in der fremden Kultur herrschenden System wirkt sich unter Umständen negativ auf den Schulerfolg aus. „Wenn zwischen der Basispersönlichkeit des Kindes und der es umgebenden Kultur eine Kluft besteht, dann ist es vermutlich für das Kind schwierig, sich in seiner Umgebung zu bewegen bzw. dort zu „funktionieren"; in der neuen, kulturell anders geprägten Umgebung ist die Basispersönlichkeit des Kindes defizitär" (Diefenbach 2007: 93). An dieser Stelle ist zu unterstreichen, dass es für ein Kind umso schwieriger wird, je größer der kulturelle Unterschied ist. Je weniger Eigenschaften zwei Kulturen miteinander teilen, desto schwieriger ist es, sich in der kulturfremden Umgebung zu orientieren (Diefenbach 2007: 94). Der geringe Schulerfolg von Kindern mit Migrationshintergrund wird ebenso auf die mangelnde Adaption von Familie und Schulsystem gestützt. Die Familie und die Schule sind primäre Sozialisationsinstanzen; wenn diese nicht im Einklang miteinander stehen, treten Divergenzen zwischen den außerschulisch vermittelten und den institutionellen Lernanforderungen auf.

3.2. Innerschulische Aspekte

Nachdem kulturelle Defizite vorgestellt und erläutert wurden, behandelt dieser Unterpunkt institutionelle Defizite, da Diskriminierung ebenfalls in institutionellen und organisatorischen Strukturen der Gesellschaft, wie zum Beispiel im Bildungssystem, festgenagelt ist. Diese Art der Diskriminierung lässt sich als institutionelle Diskriminierung bezeichnen, wobei „institutionell" das Auftreten der Diskriminierung in organisatorischen und gesellschaftlichen Einrichtungen ausdrückt. Feagin und Feagin machen einen Unterschied zwischen direkter und indirekter institutioneller Diskriminierung. Die direkte institutionelle Diskriminierung impliziert Handlungen von Organisationen, die sich auf formelle und informelle Regeln beziehen und die Absicht, eine bestimmte Gruppe auszugrenzen, haben. Von indirekter institutioneller Diskriminierung sprechen Feagin und Feagin, wenn trotz gleichen Regelungen und Gesetzmäßigkeiten verschiedene Gruppen unterschiedliche Chancen erlangen (Feagin & Feagin 1978: 31ff.). Damit institutionelle Diskriminierung bestimmter Schülergruppen im deutschen Bildungssystem aufgezeigt werden kann, muss gezeigt werden, dass untersuchte Schülergruppen nicht hinsichtlich ihrer Eigenschaften in der Bildung benachteiligt werden, sondern aufgrund herrschender Strukturen und Routinen in der Bildungseinrichtungen (Norrenbrock 2008: 54). Das gegliederte deutsche Schulsystem ist sehr selektierend, wodurch Kinder und Jugendliche mit Migrationsgeschichte maßgebend beeinträchtigt werden.

Bereits bei der Einschulung von Schülern und Schülerinnen mit Migrationshintergrund treten Probleme auf. Sie werden in die Grundschule nicht akzeptiert und müssen wieder in den Schulkindergarten zurück aufgrund von sprachlichen Defiziten. Kinder mit Migrationshintergrund werden häufiger als deutsche Kinder in den Schulkindergarten zurückgestuft (Gomolla 2006: 91f.). Das Kind soll im Schulkindergarten seine fehlenden Deutschkenntnisse nachholen, wogegen der Schulkindergarten nicht zur Aneignung von Sprache vorgesehen ist. Somit gilt die Rückstellung auf den Schulkindergarten als direkte institutionelle Diskriminierung (Ceri 2008: 57). Entweder muss das wieder wegen Deutschdefizite in den Schulkindergarten oder es wird als lernbehindert abgestempelt und auf eine Sonderschule überwiesen (Norrenbrock 2008: 56). Das hat zur Folge, dass sich die Grundschulzeit des Kindes mit Migrationshintergrund verlängert und später in höheren Schulklassen verstärkt selektiert wird, da es als ein überaltertes Problemkind betrachtet wird, welches vermutlich weitere Lernschwierigkeiten besitzt.

Auch beim Übergang in die Sekundarstufe werden Migrantenkinder mit direkter Diskriminierung konfrontiert. Erneut werden fehlende Deutschkenntnisse an den höheren Schulformen in Betracht gezogen, um dem Migrantenkind eine Empfehlung auf eine Hauptschule auszusprechen. Wie bereits erwähnt, wird dies dadurch bewiesen, dass Schüler/innen mit Migrationshintergrund an Hauptschulen überrepräsentiert sind. Selbst bei sehr guten Noten wird eine Gymnasialempfehlung mit der Begründung abgelehnt, dass diese Schüler nicht über ausreichende Deutschkenntnisse verfügen und somit eventuell Probleme hätten, dem Unterrichtsstoff einer höheren Schulart zu folgen. Ein erfolgreicher Schulerfolg erfordere demzufolge einwandfreie Deutschbeherrschung (Norrenbrock 2008: 58).

Daraus lässt sich die Schlussfolgerung ziehen, dass die Diskriminierung im organisatorischen System der Institutionen des deutschen Schulsystems manifestiert ist und nicht von Lehrern und Lehrerinnen gezielt bezweckt wird. Die Überrepräsentation an Hauptschulen und Unterrepräsentation an Gymnasien der Schüler und Schülerinnen mit Migrationsgeschichte sind auf die institutionelle Diskriminierung zurückzuführen. Daraus folgt, dass die Bildungsbenachteiligung und der geringe Schulerfolg auf eine institutionelle Diskriminierung abzuleiten sind.

4. Fazit

Zielsetzung der vorliegenden Arbeit war, zu dokumentieren, dass das deutsche Schul- und Bildungssystem eine starke herkunftsbezogene Selektivität aufweist. Die Veröffentlichungen der PISA-Ergebnisse und des statistischen Bundesamtes rechtfertigen die Aussage, dass Schüler und Schülerinnen mit Migrationshintergrund im Gegensatz zu Schülern und Schülerinnen ohne Migrationshintergrund niedrigere Bildungschancen und Bildungsbeteiligung aufweisen. Hellpap deutet überdies auch auf einen weiteren interessanten Faktor hin, „dass in Deutschland selber aus dem Ausland zugewanderte Seiteneinsteiger signifikant besser abschneiden als Jugendliche mit Zuwanderungshintergrund, die ihre gesamte Schullaufbahn in der Bundesrepublik verbracht haben und meist hier aufgewachsen sind [...]" (Hellpap 2007: 73). Dies ist ein Anzeichen dafür, dass die Ursachen des Bildungsmisserfolgs der Schülerinnen und Schüler mit Migrationshintergrund im deutschen Schulsystem und nicht in deren Engagement und Eigenschaften zu erforschen ist. Wie die Arbeit gezeigt hat, gibt es sowohl schulische Rahmenbedingungen, die zu Ungleichheitsbehandlungen von Migrantengruppen führen, als auch kulturelle Ursachen, die das schlechte Abschneiden der Migrantenkinder bedingen. Zunächst ist zu erwähnen, dass Lehrer und Lehrerinnen nicht auf den Umgang mit Heterogenität in den Schulen vorbereitet werden und ein einseitiges und ablehnendes Kulturverständnis zeigen. Ebenso problematisch ist das Defizit an Lehrkräften mit Migrationsgeschichte. Da es in den Schulen fast so gut wie keine Lehrer und Lehrerinnen mit Migrationshintergrund gibt, haben Migrantenkinder in der Schule keine Vorbilder mit gleichem Hintergrund, die für sie Unterstützung und Selbstbewusstsein verkörpern können. An dieser Stelle muss betont werden, dass die Schulen auf dieser Ebene nicht die Zusammensetzung der deutschen Gesellschaft ausdrücken. Ein wesentlicher Aspekt für den schulischen Misserfolg der Migrantenkinder ist das Sprachdefizit. Sowohl bei der Einschulung als auch bei dem Übertritt in die Sekundarstufe werden sie aufgrund mangelnder Deutschkenntnisse wieder in den Schulkindergarten zurückgestellt oder in niedrigere Schulformen eingeordnet. Nicht nur Individuen können Diskriminierung in jeglicher Form zum Ausdruck bringen, sondern institutionelle Regelungen, Gesetzmäßigkeiten und Routinen können dies gleicherweise begünstigen, wodurch Migrantenkinder nicht die gleichen schulischen und beruflichen Gelegenheiten wie ihre deutschen Gleichaltrigen erhalten und dementsprechend schlechtere Qualifikationen vorweisen. Dies hat auch einen Einfluss darauf, dass durch mangelhafte Schulleistungen die Chancen der Migrantenkinder auf einen achtenswerten und passenden Ausbildungsplatz dezimiert werden. Da aber in unserer Gesellschaft die Relevanz der Berufsausbildung und Qualifizierung steigt, sind die Kinder aus Migrationsfamilien eventuell in ihrem späteren Berufsleben weiterhin beeinträchtigt.

Zusammenfassend lässt sich sagen, dass sich die einzelnen Ursachen und Defizite des deutschen Schulsystems zu einem Netz von Benachteiligung der Migrantenkinder zusammenfügen, welches sowohl den schulischen als auch den zukünftigen beruflichen Erfolg beeinflusst und erschwert.

5. Literaturverzeichnis

Avenarius, H., H. Ditton, H. Döbert, K. Klemm, E. Klieme, M. Rürup, H. Tenorth, H. Weishaupt & M. Weiß, 2003: Kultusministerkonferenz: Bildungsbericht für Deutschland. Opladen: Leske+Budrich.

Baumert, J. & G. Schümer, 2001: Familiäre Lebensverhältnisse, Bildungsbeteiligung und Kompetenzerwerb. S. 323-397 in Deutsches PISA-Konsortium (Hrsg.), PISA 2000. Basiskompetenzen von Schülerinnen und Schülern im internationalen Vergleich. Opladen: Leske+Budrich.

Beauftragte der Bundesregierung für Migration, Flüchtlinge und Integration, 2004: Dokumentation der Fachtagung am 3. Dezember 2003 in Berlin, Förderung von Migrantinnen und Migranten in der Sekundarstufe I. Link: http://archiv.diakonie-portal.de/Members/weller/Home/Aktuelles/MigrantenSekundarstufe_I.pdf (abgerufen am 01.07.2015)

Breit, S. & C. Schreiner, 2006: Schülerinnen und Schüler mit Migrationshintergrund. S. 167-193 in G. Haider & C. Schreiner (Hrsg.), Die PISA-Studie. Wien: Böhlau Verlag.

Ceri, F., 2008: Die Bildungsbenachteiligung von Kindern mit Migrationshintergrund. Welche Folgen hat der schulische Umgang mit sprachlichen Differenzen auf die Bildungschancen? Kenzingen: Centarus Verlag.

Diefenbach, H., 2010: Kinder und Jugendliche aus Migrantenfamilien im deutschen Schulsystem. Erklärungen und empirische Befunde. 3. Auflage. Wiesbaden: VS Verlag.

Erster Integratonsindikatorenbericht: Institut für Sozialforschung und Gesellschaftspolitik und dem Wissenschaftszentrum Berlin für Sozialforschung GmbH, 2009: Integration in Deutschaland. Erprobung des Indikatorensets und Bericht zum bundesweiten Integrationsmonotoring.

Feagin, J. R. & C. B. Feagin, 1978: Discrimination American Style: institutional racism and sexism. Prentice-Hall.

Gomolla, M., 2006: Fördern und Fordern allein genügt nicht! Mechanismen institutioneller Diskriminierung von Migrantenkindern im deutschen Schulsystem. S. 87-102 in G. Auernheimer (Hrsg.), Schieflagen im Bildungssystem. Die Benachteiligung der Migrantenkinder. Wiesbaden: VS Verlag.

Hellpap, D., 2007: Diversitätsbewusste Bildung als Schlüssel zur Steigerung von Schulqualität: Strukturelle und organisatorische Rahmenbedingungen schulischer Praxis aus interkultureller Perspektive. Berlin: Iko-Verlag.

Kemper, T., 2015: Bildungsdisparitäten von Schülern nach Staatsangehörigkeit und Migrationshintergrund. Münster: Waxmann Verlag.

Krohne, J., U. Meier & K.-J. Tillmann, 2004: Sitzenbleiben, Geschlecht und Migration – Klassenwiederholung im Spiegel der PISA-Daten. Zeitschrift für Pädagogik (50) 3: 373-391.

Krüger-Potratz, M., 2001: Integration und Bildung: Konsequenzen für Schule und Lehrerbildung. S. 31-40 in K.J. Bade (Hrsg.), Integration und Illegalität in Deutschland. Weinheim: Institut für Migrationsforschung und Interkulturelle Studien (IMIS).

Norrenbrock, P., 2008: Defizite im deutschen Schulsystem für Schülerinnen und Schüler mit Migrationshintergrund. Oldenburg: BIS-Verlag.

Reuter, L. & M. Dodenhoeft, 1988: Arbeitsmigration und gesellschaftliche Entwicklung. Stuttgart: Franz Steiner Verlag Wiesbaden GmbH.

Statistisches Bundesamt, 2006: Datenreport 2006. Zahlen und Fakten über die Bundesrepublik Deutschland. Bonn.

Tarrenkorn, A., 2011: Migranten in Deutschland. Ihre Rolle in der Gesellschaft und im deutschen Schul- und Ausbildungssystem. S. 39-56 in R. Becker (Hrsg.), Integration und Bildung. Bildungserwerb von jungen Migranten in Deutschland. Wiesbaden: VS Verlag.

Weiss, K., 2013: Ausländische Schüler in den neuen Bundesländern – eine Erfolgsstory. S. 179-191 in G. Auernheimer (Hrsg.), Schieflagen im Bildungssystem. Die Benachteiligung der Migrantenkinder. 5. Auflage. Wiesbaden: Springer VS.

BEI GRIN MACHT SICH IHR WISSEN BEZAHLT

- Wir veröffentlichen Ihre Hausarbeit, Bachelor- und Masterarbeit

- Ihr eigenes eBook und Buch - weltweit in allen wichtigen Shops

- Verdienen Sie an jedem Verkauf

Jetzt bei www.GRIN.com hochladen und kostenlos publizieren